HISTOIRE

DES OPÉRATIONS

DE L'ARMÉE ROYALE;

SOUS LES ORDRES

DE MONSEIGNEUR DUC D'ANGOULÉME,

ET DU RÈGNE

DE LA FÉDÉRATION

DANS LE MIDI,

DEPUIS LE 2 MARS JUSQU'AU 15 JUILLET 1815.

PAR P. C.

Et quorûm pars... fui.

A PARIS,

Chez { MICHAUD, Imprimeur du Roi,
       { DELAUNAY, Libraire, Palais-Royal,
       { J. G. DENTU, Libraire, Palais-Royal.

A AVIGNON,

Chez Pierre CHAILLOT Jeune, Imp.-Libraire,
Place-du-Change.

1816.

HISTOIRE

DES OPÉRATIONS

DE L'ARMÉE ROYALE,

ET DU RÈGNE

DE LA FÉDÉRATION

DANS LE MIDI.

———

Napoléon avait débarqué sur les côtes de Provence, le bel exemple du commandant d'Antibes n'avait pas trouvé un seul imitateur, il s'avançait entouré par tout ce que la révolution avait enfanté de plus ignoble et de plus scélérat ; de ces ambitieux effrénés , pour qui les crimes sont des jeux ; de ces lâches, qui adoreraient la peste , si la peste donnait des pensions et

A

des places. Celui qui avaient fait égorger des millions de français , celui qui les avait accablé d'impôts , celui qui traitait les idées libérales , d'idéologisme , et qui en avait détruit jusqu'au prestige , celui-là , dis-je , fut présenté au peuple comme un nouveau restaurateur de la liberté.

La plus insigne des perfidies avait ouvert à Buonaparte les portes de Grenoble ; MONSIEUR , à Lyon , ne put rien obtenir d'une ville qui naguères était encore l'orgueil de la France ; la Provence et le Languedoc demandaient des armes , et les autorités paralisaient leur élan généreux ; Monseigneur le duc d'Angoulême arrive à Nîmes , un cri de joie retentit dans tout le midi , on crut l'europe sauvée ; mais les conspirateurs avaient des ramifications dans toutes les administrations , et le crime triompha.

Le duc d'Angoulême fut reçu à Nîmes avec enthousiasme ; cette ville , où les royalistes avaient été comprimés , où les révolutionnaires avaient conservé les armes , où le cri de *vive le Roi* était proscrit par un arrêté des autorités ; où le café de l'île d'Elbe , était depuis le mois de février le rendez-vous des conjurés ; où le drapeau tricolor devait être arboré dès le 12 mars , manifesta la plus vive joie et donna des preuves du plus noble patriotisme. A l'arrivée du prince , deux mille hommes se présentèrent pour le suivre et plus de six mille s'inscrirent sur les tableaux.

Dès que la nouvelle du fatal débarquement , fut connue à Marseille , cette ville sollicitat vainement l'ordre de marcher contre l'usurpateur, ce ne fut que lorsqu'il eut dépassé Sisteron , que l'ordre fut expédié.

Les mêmes moyens furent employés à Avignon ; l'on répandit adroitement le bruit , que le tyran était cerné à Saint-Bonnet , tandis que l'on avait la certitude de son entrée à Grenoble. Un bataillon partit pour les basses-Alpes , tandis que s'il avait été dirigé sur Lyon à marches forcées , les bons français de cette ville s'y seraient réunis , et la résistance que l'usurpateur y aurait trouvé , aurait donné l'éveil à la France , qui n'a été subjuguée que parce qu'elle n'a pas eu le temps de revenir de sa première stupeur.

Le prince fut inspecter la place du Pont-Saint-Esprit , où prenant la route de Marseille , il arriva à Avignon le 15 mars. Son entrée dans cette ville , dût lui faire craindre quelque projet sinistre de la part de ses ennemis. Il traversa une partie de la ville sans rencontrer personne. Le peuple, la garde nationale et la garnison l'attendaient à l'autre extrémité. Lorsque l'on apprit qu'il était déjà dans l'intérieur, les autorités furent en courant à sa rencontre. Il passa la garnison et la garde nationale en revue , plusieurs citoyens animés d'une juste indignation , ne craignirent pas de lui dénoncer publiquement les traîtres qui le trompaient.

Cette affectation de faire entrer le prince par la porte Saint-Lazare , tandis qu'il était attendu et que tout était prêt pour le recevoir à celle de l'Oule , est encore un mystère. Le peuple , qui quelquefois se trompe , mais qui dans ces entrefaites , ne devina que trop juste , et dont la voix est trop souvent méprisée, crut y voir une trahison atroce.

Il continua sa route sur Marseille et Toulon , et partout il vit le même élan , le même amour pour les Bourbons et sur-tout la même exaspération contre les fourbes qui accumulaient parjures sur parjures.

Après avoir visité la place de Toulon , reçu les protestations de fidélité des généraux Massena et autres chefs supérieurs , il retourna à Nîmes , où il établit son quartier-général.

Si dans le midi les autorités avaient secondé le zèle des habitans , si les troupes de ligne avaient suivi la voix de l'honneur , une armée de soixante mille hommes aurait été réunie dans moins de quinze jours , tant la haine du despotisme et de l'anarchie était dans tous les cœurs ; mais le crime veillait , il s'agitait , prenait tous les masques , toutes les formes , et comme le cri de *vive le Roi* avait été prononcé dans tout le midi d'une voix unanime ; il était impossible de distinguer l'ami d'avec l'ennemi , les sujets fidèles d'avec les conspirateurs.

Un gouvernement central fut établi à Toulouse. Une gazette officielle y fut publiée. Le baron de Vitrolles nommé Commissaire-général du Roi , avait reçu les pouvoirs nécessaires pour seconder l'ardeur des peuples. Madame était toujours à Bordeaux l'idole de cette ville généreuse. Les gardes nationales marchaient avec enthousiasme , elles égayaient leur marche par des chants d'alégresse ; des villages entiers se rendaient aux chefs-lieux de leurs départemens en demandant des armes et l'ordre du départ , on ne les refusaient pas, mais on les renvoyaient à quelques jours , parce qu'on savaient bien que dans quelques jours ce serait sous l'étendard de la tyrannie qu'il faudrait marcher. Enfin , hormis les lâches et les méchans , tout le monde était joyeux de l'avenir.

Le 10.me de ligne traversa le Languedoc depuis Perpignan jusqu'au Saint-Esprit , et sa marche fut un vrai triomphe , dans toutes les villes et villages il fut reçu avec des transports de joie et de reconnaissance. Le prince alla à sa rencontre et rentra dans Nîmes à sa tête au milieu des acclamations et des cris mille fois répétés de *vive le Roi* , *vive notre Libérateur* , *vive le brave* 10.me

Le Duc divisa son armée en trois corps qui devaient se réunir sous les murs de Lyon. Le premier corps se rassemblait à Sisteron , d'où se portant sur Gap et Grenoble, il opérait sa jonction avec le 2.me corps , qui prenant la route de Valence , s'emparait du passage de l'Isère. Le 3.me corps , descendant de l'Auvergne et du Vivarais , occupait Saint-Etienne , et marchait directement sur Lyon ; il était soutenu par une colonne qui devait sur la rive droite du rhône, suivre les mouvemens du second corps.

(8)

Le 58.me de ligne , M. Regnault , colonel , 960 hom.

Le 83.me de ligne , M. Marechal , colonel , 920

Trois compagnies du 87.me de ligne , 200

Dépôt du 9.me de ligne , commandé par M. Chandeson , 320

Gardes nationales et compagnies franches , 3200

Cannoniers. 75

5675 hom.

ETAT-MAJOR.

Commandant en chef.

M. le lieutenant-général ERNOUF.

Maréchaux de camp.

MM. GARDANNE , PEYREMOND et LOVERDO.

Chef de l'état-major.

M. le colonel , baron de JESSÉ.

Commandant de l'artillerie.

M. le chevalier de FERANDY.

Inspecteur aux revues. M. le chevalier HARDY.

Commissaire de guerre. M. GUYON.

Forces

Forces du second Corps.

10.me de ligne , M. d'Ambrugeac ,
   colonel ,   950 hom.

1.er royal-étranger , M. de Mont-
   perret , major ,   300

14.me de chasseurs , M. Lemoine ,
   colonel ,   250

Gardes nationales du Gard , de l'Hérault et de Vaucluse,   3250

Cannoniers ,   80
____

                         4830 hom.

Etat-major du 2.me *Corps.*

M. d'HAULTANE , lieutenant-général , chef de
   l'état-major.

M. le comte de MONIER , lieutenant-général.

M. le baron de DAMAS , sous-chef de l'état-major.

M. le vicomte d'ESCARS , maréchal-de-camp.

M. BERGE , maréchal-de-camp , comm. l'artillerie.

M. Merle , lieutenant-général , commandant le
   Pont-Saint-Esprit.

M. le chevalier de CHEF-DE-BIEN , ordonnateur
   en chef.

M. MAGNÉ , colonel , commandant la colonne de
   gauche , sur la rive droite du rhône.

B

Le troisième corps qui devait se former à Clermont, sous les ordres du général Compans, ne put se réunir. Les gardes nationales qui s'y étaient déjà rendues, furent licenciées, et le gouvernement de l'usurpateur fut reconnu dans la Haute-Loire, la Lozère et l'Ardèche.

Ces défections décidèrent le prince à se porter en avant. On travailla à mettre la citadelle du Pont-Saint-Esprit à l'abri d'un coup de main. Le général Merle, avec un bataillon de Tarascon et un de Beaucaire et quelques pièces de canon fut chargé de la défendre.

Le colonel Magné se porta sur la rive droite du fleuve, pour marcher de front et à la hauteur de l'armée. Il entra dans le bourg Saint-Andiol, où les agitateurs avaient déjà fait l'essai des fureurs révolutionnaires.

L'avant-garde de l'armée sous les ordres du vicomte d'Escars, s'était emparée de Montelimar. Le maréchal-de-camp Debelle, général des révoltés du département de la Drôme, envoya un parlementaire pour sommer cette ville , de reconnaître les lois de Napoléon. Sur la réponse négative des autorités il attaqua ; mais les volontaires royaux le repoussèrent avec perte , le poursuivirent pendant une heure et sans la défection de cinquante chasseurs du 14.me qui désertèrent à l'ennemi , il courait le risque d'être pris , lui et son artillerie. Un seul chasseur , le brave . . . . resta fidele à son roi , le prince lui remit la décoration de la Légion-d'honneur.

Le premier corps était depuis le 27 mars réuni à Sisteron , le duc lui envoya l'ordre de se porter en avant. Tous les jours de nouvelles compagnies armées et équipées sortaient de Marseille pour alimenter cette armée.

Le prince après avoir passé son armée en revue à Montelimar , résolut de marcher sur Valence. La veille de l'attaque , il parcourut tous les bivouacs , des cris de joie et d'affection se firent entendre dans tout le camp. Des torches de paille embrasées dans les mains de presque tous les soldats offraient le spectacle d'une superbe illumination. Tous les cœurs étaient électrisés. et l'on se glorifiait les uns les autres d'aller combattre pour une si belle cause.

Le lendemain l'armée marcha sur plusieurs colonnes à l'ennemi ; en avant et en éclaireurs, étaient la 1.re compagnie franche de Rochegude (1) et les voltigeurs; au centre, le 10.me de ligne, l'artillerie et la cavalerie ; à droite, les royaux-étrangers, les gardes nationales du Gard, de l'Hérault, les douaniers et la belle compagnie des étudians de Montpellier ; à gauche, les Vauclusiens. On marcha au pas accéléré et en colonnes serrées jusqu'aux portes de Loriol, dans le plus grand ordre. La cavalerie ennemie, et quelques rebelles se montrèrent en avant de cette ville, une volée de canon et l'intrépidité des éclaireurs suffirent pour les dissiper, ces derniers débusquèrent deux pièces de canon masquées derrière un mur à l'entrée de la ville que les révoltés évacuèrent.

---

(1) **M.** le marquis de Rochegude, leva trois compagnies franches à ses frais.

Le maire de Loriol, décoré d'une écharpe blanche, offrit des rafraîchissemens aux têtes des colonnes, des cuves pleines de vin étaient placées dans les rues et sur la grande route, le drapeau blanc flottaient à toutes les fenêtres, et les habitans, surpris de la rapidité de notre marche, n'avaient pu mettre encore que des cocardes de papier.

Les royaux-étrangers et la compagnie franche, poursuivirent l'ennemi dans les montagnes, les Vauclusiens traversèrent Loriol et attaquèrent les collines qui le dominent; le centre s'avança par la grande route, et les gardes nationales du Gard et de l'Hérault se formèrent dans la plaine qui descend vers le rhône. Ces dispositions prises, on marcha en avant. L'ardeur des troupes était telle, que les cris répétés de *vive le Roi*, *vive le Prince*, se succédaient sans interruption, se prolongeaient sur toute la ligne et l'écho des montagnes les répétaient dans le lointain.

L'attaque des collines fut terrible, il fallut enlever de vive force sept à huit mamelons auparavant d'arriver sur les bords de la Drôme ; parvenu sur la dernière hauteur qui la domine , les Vauclusiens tournent leurs regards vers le Prince , et l'ordre fut donné de passer la rivière ; cet ordre est exécuté avec rapidité , les rebelles vivement poursuivi enseignèrent eux-mêmes le gué ; la colonne sous le feu de l'artillerie passa la Drôme avec de l'eau jusqu'à la poitrine , s'empara de Livron , et par cette manœuvre attaqua les impériaux sur leur flanc gauche et sur leur derrière.

L'aile gauche chargée de suivre le même mouvement au-dessous du pont , ne put opérer le passage à cause de la profondeur des eaux , et se réunit à l'attaque du pont , au moment où le dixième abordait franchement l'ennemi.

Sa position était formidable , elle était défendue par plusieurs bouches à feu , sept à huit cent hommes de troupes de ligne ; le dépôt du 4.me hussards , deux cent cannoniers du 4.me artillerie-légère , un escadron de gendarmerie , deux ou trois mille rebelles qui avaient pillé l'arsénal de Valence , et qui étaient commandés par

les retraités et les demi-solde, et chose remarqua-
ble, plusieurs gardes-d'honneur de Valence, qui
s'étaient formés, lors du voyage de Monsieur,
dans le midi.

Les grenadiers du 10.ᵐᵉ, chargé par la cavalerie l'arrêtèrent en croisant la bayonnette sans
tirer un coup de fusil. Quatre pièces de canon
et deux obusiers qui tiraient sur les hauteurs
avaient secondé l'attaque des collines. Un moulin
qui touchait à la culée du pont et une ferme qui
se trouvait sur la droite, furent occupés par les
voltigeurs, qui de ce poste foudroyant les cannoniers, les obligèrent d'abandonner une de leurs
pièces qui était en avant. Dans le moment, le
Prince se porta sous le feu le plus vif, vers le
moulin, il donna l'ordre aux grenadiers de forcer
le passage : une douzaine de voltigeurs et quelques volontaires royaux les précèdent ; arrivés
sur le pont, un des voltigeurs reconnaît dans les
grenadiers ennemis un de ses anciens camarades,
ils s'embrassent. Le grenadier crie vive l'empereur, le voltigeur indigné d'un cri qui semble
l'engager à la trahison, répond *vive le Roi*, et

arrache la moustache au grenadier ; les impériaux
font une décharge générale qui renverse le caporal
des voltigeurs ; le 10.me arrive au pas de charge
est la position est emportée de vive force.

Artillerie, aigles, caissons, tout tombe en notre
pouvoir. Les révoltés perdirent cent cinquante à
deux cent morts ou blessés , et trois à quatre
cent prisonniers , le reste s'enfuit en désordre
sur Valence , où se dispersât dans les montagnes.

Un cri de joie salua le Prince , dont la vive
sollicitude ne cessait de veiller sur le sort des
vaincus et de calmer la fureur des soldats. Ce
sont vos frères , leur disait-il , ce sont des français , des français égarés. Il empêcha par tous les
moyens possible , que les gardes nationales , indignées de la proclamation de Napoléon , qui or-
donnait de fusiller les gardes nationaux , pris les
armes à la main , n'abusassent de la victoire.
Il fut le père et le sauveur de ceux qui venaient
de combattre contre lui , et ordonnât qu'ont prit
également soin des blessés, sans distinction d'amis
ou d'ennemis.

Co

Ce sang froid dans le danger , cette agréable familiarité avec tout le monde , cet air riant et enjoué et ces manières vives qui le rendent si ressemblant à Henri IV, le rendait aussi l'idole de ses troupes , et lorsqu'au village de la Paillasse où s'arrêta l'armée , il visitât les bivouacs , il est difficile de peindre les transports et l'ivresse des soldats ; la franchise provençale et la gaîté languedocienne lui témoignèrent en expressions touchantes et joyeuses combien il était chéri. Le 10.me l'accueillit aux cris de *vive le Roi* , et une illumination générale , pareille à celle de Montelimar , termina cette belle journée.

L'armée demandait d'aller coucher à Valence , mais le Prince ne voulut pas arriver de nuit et à la tête d'une armée victorieuse et irritée , dans une ville rebelle.

Le général Debelle avait abandonné ses soldats, le colonel d'artillerie Noël , qui commandait sous ses ordres fut fait prisonnier. Le duc adressa de vifs reproches aux officiers et leur fit connaître combien leur conduite était coupable et indigne de bons français.

S. A. R. arriva à Valence , le lendemain 3 avril ,
à sept heures du matin , le maire et les autorités
le reçurent à l'entrée de la ville ; l'armée la traversa et après avoir défilé sous ses yeux , une
partie alla camper entre Valence et l'Isère ,
tandis que l'autre , ayant le duc à sa tête , marcha
sur Roman , dont on s'empara. Le général Monier ,
porta douze cents hommes en avant de cette
ville , et le Prince retourna le même jour à
Valence.

Le préfet de la Drôme , le marquis Descorches
de Sainte-Croix , avait suivi dans sa fuite le général Debelle , le sous-préfet de Montelimar le rem-
plaça. M. le baron de Damas fut nommé gou-
verneur de la division.

L'esprit des habitans de la Drôme était perverti
par les journaux et les trompeuses promesses de
l'usurpateur , et plus encore par les manœuvres
des autorités. Le préfet et le général Mouton-
Duvernet avaient entretenu la rebellion parmi les
citoyens. L'armée royale était désignée comme un
ramassis de brigands , l'on avait même osé dire,

qu'elle s'était recrutée dans les bagnes de Toulon.
Nous arrivions, disaient nos lâches calomniateurs,
altérés de haine et de vengeance , nous ne mar-
chions que la torche à la main , et nos pas étaient
marqués par le viol , le pillage et l'incendie. L'on
nous peignait sous les couleurs les plus odieuses ,
le Prince même n'était pas à l'abri de leurs affreuses imprécations , et lui toujours magnanime , ne
repondait à leurs méprisables mensonges que par
ces paroles pleines de noblesse et de pardon :
« Habitans de la Drôme , leur disait-il dans sa
» proclamation , l'ennemi de la France a passé
» près de vous , vous l'avez souffert ; la guerre
» civile , une invasion étrangère , tels sont les
» tristes résultats de la trahison des uns , de la
» crédulité ou de l'infidélité des autres. Des hom-
» mes étrangers au nom français , ou intéressés
» au désordre se sont armés pour une cause fon-
» dée sur la violence et la trahison ; mais ils sont
» en petit nombre. Ceux qui ont voulu s'opposer
» à mon passage ont été dispersés. Je suis venu
» non pour vous punir , vous l'êtes assez par les
» maux , suite ordinaire d'une guerre intestine ;
» je viens vous sauver de l'oppression et vous rap-
» peler à vos sermens. »   C 2

Que pouvait produire sur une multitude gan-
grenée d'une rage frénétique le langage de la vérité.
Leurs yeux couverts du triple bandeau de l'ambi-
tion , de l'intérêt et du fanatisme révolutionnaire,
semblaient ne s'ouvrir qu'à la hideuse clarté de
l'embrasement de la patrie ; ils savaient que le
congrès , dans sa déclaration du 13 mars , avait
irrévocablement décidé que l'Europe entière vien-
drait fondre une seconde fois sur la France , et
cependant ils feignaient de s'endormir sur les
fausses assurances d'une paix générale.

Peu satisfaits de ne point se rendre à la voix de
la persuasion ; ils inventaient les nouvelles les plus
absurdes , comme les plus effrayantes. Selon eux,
Buonaparte était à Lyon avec cinquante mille
hommes ; dans la nuit on avait vu descendre sur
le rhône vingt bâteaux chargés de troupes ,
qui venaient nous couper la retraite ; l'avant-
garde de la garde impériale était arrivée à Vienne,
et le corps entier avait déjà dépassé Macon ; huit
regiment de cuirassiers et de lanciers , passaient
l'Isère à Saint-Marcellin , toute la vallée de Grenoble et du Dauphiné se levaient en masse pour

nous accabler ; enfin pour mettre le comble à leurs perfides insinuations, ils ont osé même offrir de l'argent à des voloutaires-royaux , pour les engager à déserter, et des guides étaient toujours prêts pour les conduire par des chemins de traverse afin de n'être pas arrêtés.

Depuis le 3o mars le premier corps s'était porté en avant. Le général Ernouf l'avait divisé eu deux colonnes , celle de droite sous les ordres du général Gardanne était composée du 58.me de ligne, des compagnies du 87.me, d'un corps de gardes nationales et d'une compagnie d'artillerie ; elle se dirigeait sur Saint-Bonnet par la route des montagnes afin d'éviter Gap , tandis que le maréchal-de-champ Loverdo avec le 83.me , le dépôt du 9.me , et des gardes nationales marchait par la gauche pour se porter sur Lamure. La garnison de Grenoble commandée par le général Chabert , à laquelle s'étaient joints quelques rebelles avait pris position à travers de corps. Si les ordres du général Ernouf avaient été exécutés , et que suivant ses instructions on eût évité Gap , la retraite des impériaux était coupée et le premier corps

opérait sa jonction avec le duc d'Angoulême ;
mais le général Gardanne, au lieu de laisser snr sa
droite cette ville, où l'ennemi avaient des agens,
y fit séjourner ses troupes. Les émissaires du tyran
y corrompirent bientôt l'esprit des soldats ; des
proclamations, des bulletins, des promesses men-
songères et l'or répandu avec profusion furent les
appâts dont on se servit pour séduire le 58.me,
qui cédant à des suggestions perfides passa à
l'ennemi. Le général Gardanne au lieu de s'abs-
tenir de toute communication avec les rebelles,
avait parlementé avec le général Chabert, de-là,
il s'était porté au quartier-général du maréchal-
de-camp Loverdo où le 83.me imitant le pernicieux
exemple du 58.me quitta la route de l'honneur
pour celle de la trahison.

Le lieutenant - général Ernouf prévoyant les
malheurs qu'entraîneraient de si honteuses défection, et croyant pouvoir en préserver le corps du
général Loverdo lui avait envoyé l'ordre de faire
sa jonction avec le deuxième corps ; mais le
général Gardanne l'avait prévenu, et le comte de
Loverdo ne ramena que les gardes nationales,

étonnées et indignées de si lâches perfidies. Elles arrivèrent à Sisteron avec le dépôt du 9.me et la compagnie du 87.me que le général Ernouf avait préservé de la séduction.

Une affaire malheureuse avait eu lieu au village de la Sausse, M. le chevalier Miquelard, chef de bataillon du 58.me de ligne, qui fidèle à son devoir n'avait pas voulu partager l'infamie dont son régiment s'était couvert, se précipita sur les batteries ennemies, ses soldats le reconnurent, et lui crièrent : Mon commandant passez avec nous , vive l'empereur ; non , traîtres, leur répondit-il , *vive le Roi* , et il tomba , percé de mille coups.

Le 1.er corps se concentra à Sisteron , la citadelle fut mise en état de défense , et cette mesure mit à couvert la Provence des tentatives des rebelles.

Le Prince maître de Roman et du passage de l'Isère ; de Tournon , que le colonel Magné occupait ; de Privas, dont les braves montagnards de l'Ardèche s'était emparé; certain d'être secondé par une grande partie de la population de Lyon où il avait des intelligences ; recevant des députations des départemens de la Haute-Loire et du Forez qui l'assuraient, que maître de Lyon, la population de leurs départemens se leverait en masse en faveur de la bonne cause ; instruit qu'il n'y avait en avant de cette ville que sept à huit cens hommes pour s'opposer à sa marche, n'attendait plus que le résultat des opérations du 1.er corps pour se porter en avant. Lorsque les nouvelles accablantes dont nous venons de rendre compte lui parvinrent et détruisirent toutes nos espérances.

D'autres nouvelles plus affligeantes se succédaient et agravaient de plus en plus la position de l'armée. Une conspiration générale arrivée le même jour dans tout le Languedoc plongea cette province dans le désespoir et l'esclavage ; à Toulouse le baron de Vitrolles fut arrêté ; à Montpellier le général Ambert trahit son Roi, et l'ancien ami de Moreau fut l'instrument de Buonaparte ; à Nîmes, les officiers en retraite et à la demi-solde réunis à la Fontaine pour prêter le serment de fidélité au

souverain

souverain légitime , le préfèrent à l'usurpateur ,
mirent le sabre à la main , se portèrent aux casernes , entraînèrent par leur exemple le 63.me
dans le crime et proclamèrent le gouvernement de
l'asservissement et de la terreur ; un appel fut fait
aux religionnaires des Cévènes et de la Vaunage et
les torches du fanatisme se mêlèrent à la lave
révolutionnaire. Les généraux Briche et Pélissier
voulurent s'opposer à la rebellion , ils furent plon-
gés dans un cachot et le règne de Gilly commença.

Il ne restait de fidèles, que les départemens des
Bouches-du-Rhône , du Var et de Vaucluse ; trois
départemens pouvaient-ils continuer une guerre of-
fensive contre le tyran , qui avait à sa disposition
les forces de la France entière ! Le Prince en vit
l'impossibilité et la retraite fut ordonnée.

Le major de Montferret évacua Romans , força
les habitans à détruire eux - mêmes le pont ,
tandis qu'il le brûlait du côté du Péage ; il marcha
toute la nuit du 5 au 6 avril dans les montagnes ,
et parvint à Livron sur les onze heures du matin ,
au moment où une compagnie Avignonaise y ar-

D

rivait de Montelimar. Un superbe détachement de
jeunes gens de Perpignan arriva le même jour à
Valence. Les royaux-étrangers, avec un corps de
gardes nationales de Nîmes, la 1.re compagnie
franche de Rochegude et la 1.re compagnie du
3.me bataillon de Vaucluse, prirent position au
Pont de la Drôme.

L'armée s'était concentrée le 6 à Valence,
l'ennemi fit ce jour-là, des démonstrations d'hostilités et essaya de traverser l'Isère. La cannonade
commença à dix heures du matin, les déta-
chemens qui gardaient la rive gauche ripostè-
rent vivement au feu des rebelles, plusieurs de
leurs cannoniers, une cinquantaine d'hommes du
6.me léger et des patrons qui préparaient les bar-
ques pour tenter le passage furent tués. Vers
midi le Prince arriva avec le 10.me et l'artillerie,
il fit cesser le feu de leurs batteries. Les volontaires-royaux donnèrent encore à cette occasion,
des marques d'une grande bravoure, la fusillade
dura tout le jour, et lorsque vers le soir, arriva
l'ordre de battre en retraite, les gardes nationaux
ne voulaient point cesser de tirailler et plusieurs

officiers chargés de les ramener furent tués ou blessés.

Depuis deux jours les mal-intentionnés se plaisaient à ajouter aux mauvaises nouvelles , d'autres plus sinistres encore. Leur joie et leur insolence contrastaient avec l'abattement et la tristesse des bons français. Les drapeaux blancs se retiraient l'un après l'autre des croisées de Valence. Les illuminations qui les deux premiers jours étaient générales devenaient plus rares et les acclamations dont le prince était salué étaient aussi vives , aussi sincères de la part des amis de la patrie , mais , accompagnées du sourire de la trahison sur les lèvres des partisans de l'anarchie. Leur audace augmentait d'heure en heure , dans les cafés , dans les cabarets , ils ne craignaient pas de louer le dévorateur du genre-humain , de tâcher de séduire les troupes de ligne et d'effrayer par de fausses nouvelles et par celles qui malheureusement n'étaient que trop vraies, les gardes nationales.

Avignon , Marseille , Toulon , disaient ces perfides instigateurs des plus noirs attentats , ont arboré l'étendart de la liberté ; le Roi a fait abdication en faveur de Napoléon , moyennant une pension de 6 millions ; on meuble à Lyon un palais pour recevoir Marie-Louise et son fils , qui doivent y être couronnés. Et ces mensonges adroits , mêlés avec de tristes vérités portaient le découragement dans l'ame des faibles et la consternation dans toute l'armée.

Le général Merle annonçait par une estafette, que les rebelles marchaient pour attaquer le Pont-Saint-Esprit , et il déclarait qu'il ne pouvait répondre de la place. La retraite fut décidée , les préparatifs s'en firent avec ordre , sans précipitation et dans le plus grand secret.

Le général Ernouf reçu l'ordre de se concentrer à Sisteron et le colonel Magné de suivre le même mouvement que l'armée en descendant la rive droite du rhône.

A onze heures du soir, le Prince quitta Valence, se rendit dans le camp , où il fut reçu par les troupes avec les mêmes transports. Des feux multipliés avaient été allumés dans tous les bivouacs pour tromper l'ennemi.

Le 7 à deux heures du matin , l'armée se mit marche , elle passa sur le pont de la Drôme vers les six heures , fit une halte à Loriol , et continua sa route sur Montelimar.

La vue du pont de la Drôme , le souvenir du combat glorieux que l'on y avait donné cinq jours auparavant , être obligé de battre en retraite sans avoir été vaincus , l'avenir menaçant qui se présentait à tous les yeux sous les couleurs les plus sombres , la crainte d'une seconde émigration , des échafauds d'Orange et d'une nouvelle glacière , portaient la tristesse dans le cœur des gardes nationaux ; le Prince s'en appercevait et lui seul le sourire de la bonté sur les lèvres et la sérénité sur le front , cherchait par des paroles obligeantes , à consoler ces hommes , qui connaissant la férocité de leurs ennemis s'attendaient aux traitemens les plus barbares.

Le duc d'Angoulême avait trouvé à Loriol , un

ambassadeur du roi de Sardaigne et eut avec lui une conférence.

Le 14.me de chasseurs qui n'était arrivé que de la veille à l'armée, donna des marques d'insubordination , il fut ordonné d'observer ses mouvemens. Arrivé à Montelimar , ce corps manifesta ouvertement sa rebellion , le colonel navré de douleur en prévint le Prince, qui fermant les yeux sur cette nouvelle trahison permit à ce régiment de retourner à Valence.

Notre situation devenait toujours plus désolante, l'on avait la certitude qu'un corps considérable sous les ordres du général Grouchy était sur les derrières de l'armée , qu'une armée de 20,000 hommes était partie de Paris et se dirigeait en poste sur le midi , que l'ouest de la France avait fléchi devant l'usurpateur, que la fille de nos rois avait été forcée de quitter Bordeaux et aucune nouvelle consolante ne venait alléger le poids de tant de désastres.

A Montclimar même, les traîtres montraient

avec témérité leur joie et leurs coupables espérances ; des patrouilles nombreuses d'hommes
armés parcouraient les rues ; un volontaire de
Vaucluse indigné d'en rencontrer une dont les
soldats étaient sans cocarde , quoiqu'ils eussent
tous des chapeaux montés à ganses en or ou en
argent, ne put contenir sa juste colère , ni s'empêcher de leur demander à quelle nation de
l'europe ils appartenaient.

L'armée royale harassée par une marche longue
et pénible fut obligée de passer la nuit dans cette
ville ; mais une nouvelle calamité nous était ré-
servée , le pire de tous les malheurs devait être
le lendemain le prix de nos fatigues et de notre
dévouement. Le Prince reçut l'avis à dix heures
du soir que le Pont-Saint-Esprit allait être évacué.
Son ame brisée par cette affreuse nouvelle eut
besoin de toute sa vertu pour ne pas s'abandonner
à une profonde affliction. Il vit les maux qui allaient
peser sur nous , toutes les atrocités dont nous se-
rions les victimes , et son cœur toujours magnanime prit la généreuse résolution de se sacrifier
lui-même plutôt que de nous exposer au ressenti-
ment du plus irascible des tyrans.

Il repoussa les offres qui lui furent faites de sauver sa personne en passant par les montagnes, accompagné d'une troupe d'hommes fidèles et déterminés, qui l'auraient conduit en Piémont ou à Marseille. Il déclara qu'il ne quitterait jamais son armée , qu'elle lui avait donné de trop grandes preuves de dévouement et d'affection pour ne jamais s'en séparer, sans en avoir auparavant assuré le retour dans ses foyers ; la même nuit où son cœur était accablé par de si cruelles épreuves, il reçut chevalier de Saint-Louis le capitaine d'Hautane , qui avait été blessé sur le pont de la Drôme , à la tête d'une compagnie du 10.me ; des décorations de la Légion-d'honneur avaient été accordées à divers braves , avant de partir de Valence. Il lui était douloureux de ne pouvoir faire davantage pour des hommes dont plusieurs avaient quitté de nombreuses familles pour le suivre , aussi en était-il profondément ému.

Le Prince moins affecté des dangers auxquels sa personne était exposée , que des maux qui allaient accabler les gardes nationales, résolut pour les rendre en toute sûreté à leurs familles, de traiter avec

les

les rebelles. Pressé par le général Grouchy , dont les têtes des colonnes étaient sur les pas de notre arrière-garde ; sans espoir du côté de la Provence contenue par l'attitude louvoyante de Masséna , coupé par les régimens du Languedoc qui occupaient la croizière entre la Palud et Orange , il envoya le général d'Aultanne au Pont-Saint-Esprit , pour assurer sa marche jusques derrière la Durance.

Ce général convint avec le colonel Saint-Laurent du dixième de chasseurs et commandant l'avant-garde de Gilly , que le Prince s'embarquerait à Marseille et qu'il y serait accompagné par le 10.me de ligne. Retenu en ôtage , le général d'Aultanne ne put donner aucune notion sur les dispositions de l'ennemi. Peu d'heures après , une lettre du général Gilly , annonça que craignant de déplaire à l'empereur, quoiqu'il fut revêtu de toute sa confiance , et que des pouvoirs illimités lui eussent été conférés de la part de ses ministres , il ne pouvait consentir à la convention conclue avec le colonel du dixième de chasseurs, et dans cette lettre mensongère , il ne rougissait pas d'annoncer que la Provence était soumise et que le drapeau tricolore flottait dans Marseille , tandis que le même jour une colonne de Marseillais s'emparait de la petite ville de Châteaurenard , où une centaine de jacobins avaient arboré les couleurs de la révolution.

Le Duc envoya le baron de Damas auprès du général Gilly pour terminer cette négociation.

L'armée continuait toujours son mouvement rétrograde. Le découragement était visible , les gardes nationales étaient consternées. Si près de sa patrie sans pouvoir y rentrer , disaient ces braves gens , il faut périr ou forcer le passage. Des émissaires cherchaient à corrompre le 10.me , vous serez décimés , disait-ils à ces loyaux soldats, si vous ne passez pas du côté de votre empereur. Cependant le péril que courait le Prince soutenait encore dans son infortune cette armée fidèle , mais déjà désorganisée et affaiblie par la désertion. Dans une halte , à Pierre-Latte , elle jura toute entière de plutôt mourir que d'abandonner son chef.

Le baron de Damas arriva , sa mission était remplie ; une convention définitive avait été reglée , telle qu'elle est ici transcrite.

Convention conclue entre le général Gilly et le baron de Damas.

» S. A. R. Monseigneur le duc d'Angoulême, commandant en chef l'armée Royale du midi, et M. le général de division baron Gilly, commandant en chef le premier corps de l'armée Impériale, pénétrés de la nécessité et du désir d'arrêter l'effusion de sang français, ont chargé de leurs pleins-pouvoirs, pour régler les articles d'une convention qui puisse assurer la tranquillité du midi de la France, savoir : son Altesse Royale, M. le baron de Damas, maréchal-de-camp, sous-chef d'état-major-général, M. le baron Gilly, et M. l'adjudant-commandant Lefebvre, chevalier de la Légion d'honneur, chef d'état-major du premier corps d'armée, lesquels, après avoir échangé leurs pouvoirs respectifs, sont convenus des articles suivans :

Article I.er

L'armée Royale est licenciée ; les gardes nationales qui en font partie, sous quelque dénomination qu'elles aient été levées, rentreront chez elles après avoir déposé les armes ; il leur sera délivré des feuilles de route pour rentrer dans leurs foyers, et M. le général de division commandant en chef leur garantit qu'il ne sera jamais question de tout ce qui a pu être dit ou fait relativement aux événemens qui ont eu lieu avant la présente convention.

Les officiers conserveront leurs épées, les troupes de ligne qui font partie de cette même armée se rendront dans les garnisons qui leur seront assignées.

II.

MM. les officiers généraux, officiers supérieurs d'état-major et autres de toutes armes, les chefs et employés de toutes administrations, dont il sera fourni un état nominatif à M. le général en chef, se retireront dans leurs foyers en attendant les ordres de sa Majesté l'Empereur.

III.

Les officiers de tous grades qui voudraient donner leur démission sont libres de le faire ; il leur sera accordé de suite des passe-ports pour rentrer dans leurs foyers.

IV.

Les caisses de l'armée et les registres du payeur-

général seront remis de suite aux commissaires
nommés à cet effet par M. le général commandant
en chef.

V.

Les articles ci-dessus sont applicables aux corps
commandés par M.gr le duc d'Angoulême en personne, et à tous ceux qui agissent séparément sous
ses ordres , et qui font partie de l'armée royale
du midi.

V I.

S. A. R. se rendra en poste au port de Cette, où
les bâtimens nécessaires pour elle et sa suite seront
disposés pour la transporter partout où elle voudra
se rendre ; des postes de l'armée Impériale seront
placés à tous les relais pour protéger le voyage de
S. A. R. , et il lui sera rendu partout les honneurs
dus à son rang , si elle le désire.

V I I.

Tous les officiers, et autres personnes de la suite
de S. A. R. qui désirent la suivre , auront la faculté
de s'embarquer avec elle, soit qu'ils veuillent partir
de suite , soit qu'ils demandent le temps nécessaire
pour arranger leurs affaires particulières.

VIII.

Le présent traité restera secret jusqu'à ce que S. A. R. ait quitté le territoire de l'Empire.

Fait-en double expédition et convenu entre les chargés de pouvoirs ci-dessus désignés, le huitième jour d'avril de l'an mil huit cent quinze, sous l'approbation de M. le général commandant en chef, et ont signé.

Au quartier-général du Pont-Saint-Esprit, les jour et an ci-dessus.

L'adjudant-commandant chef d'état-major du premier corps de l'armée impériale du midi,

Signé LEFEBVRE.

Le maréchal-de-camp sous-chef d'état-major-général ,

Le Baron DE DAMAS.

Approuvé la présente convention par le général de division commandant en chef l'armée impériale du midi,

Baron GILLY.

Par suite de cette convention le Prince envoya
l'ordre au premier corps et au colonel Magné , de
s'y conformer. Un courrier fut expédié au général
Grouchy pour suspendre sa marche.

Le lendemain dimanche neuf avril , l'armée
royale fut licenciée , les royaux-étrangers et les
gardes nationales sortirent de la Palud. Il est impossible de peindre la consternation et la fureur
de ces braves gens , ils voulaient périr pour leur
Prince les armes à la main , et il fallait l'abandonner en posant les armes. Ils les brisaient de
rage , ils accusaient le ciel de combattre contre sa
propre cause , ils pressaient sur leurs cœurs, sans
pouvoir proférer une parole les soldats du 10.me , et
confondaient ensemble des larmes de désespoir ;
ils cherchaient encore à voir le Duc , le saluaient
par des cris d'amour et de fidélité et partaient
l'ame oppressée de leurs propres maux , de ceux
du Prince et de la patrie.

Le licenciement dura toute la journée , les chefs
des corps avec leur état-major , auparavant de
quitter leur digne chef venaient rendre hommage

à ces hautes vertus , et lui toujours calme et résigné , les consolait , leur montrait un avenir plus
heureux, et oubliant sa cruelle position il épuisait
sa cassette en leur faveur.

Lorsque toutes les gardes nationales furent par-
ties , qu'il ne restait plus que le fidèle 10.me la
compagnie d'élite des chasseurs arriva pour servir
descorte au Prince. C'est alors que la plupart des
officiers du 10.me se présentèrent chez lui. S. A. R.
les accueillit avec cette bonté qui lui est si natu-
relle , et les pressant les uns après les autres sur
son cœur, il leur dit : qu'en tous tems et en tous
lieux , il se rappelerait d'eux.

Il partit , et l'ame froissée des soldats de ce régiment ne put contenir sa douleur , un grand
nombre déserta, plusieurs traversant le rhône sur
un fragile bâteau périrent sous les eaux ; le corps
refusa de reconnaître un autre colonel que celui
qui l'avait guidé dans le chemin de l'honneur. M.
d'Ambrugeac fut cependant obligé de quitter le
régiment, il fut arrêté à Lyon , auparavant de partir , il recommanda aux officiers de ne pas abandonner leurs soldats afin de les conserver au roi.

La

La calomnie , langage favori des amis des gou-
vernemens pervers , répandit des bruits odieux sur
le brave 10.me de ligne , l'éclat de la gloire dont il
s'était couvert les offusquait , ils l'accusèrent de
s'être présentés sur le pont de la Drôme la crosse
en l'air en criant vive l'empereur , et d'avoir fait
feu au moment où ils étaient reçus en amis. Ces
faussetés qui n'étaient inventées que pour aigrir les
troupes contre ce valeureux corps , ne réussirent
que trop. A Valence pour n'être pas pillé par l'armée de Grouchy , ramassis de ce que le Lyonnais ,
la Bresse et le Dauphiné avaient de plus impurs , les
soldats de ce loyal régiment sont obligé de mettre
leurs bagages dans les rangs , et d'y mettre un bataillon de garde ; à deux lieues de Grenoble il re-
çoivent l'ordre de prendre une autre route , parce
que la populace et la garnison avaient pris les armes,
que des pièces de canon étaient braquées , et qu'on
ne les attendaient que pour les massacrer ;à Chalons,
insultés par les porte-faix, les grenadiers les disper-
sent à coups de plat de sabre ; à Paris , Napoléon dans
un discours amer et menaçant leur déclare qu'ils
iront au feu sans cartouches ; à l'armée ils furent
encore en butte à la haine des régimens qui étaient
de brigade avec eux.   F.

S. A. R. ne tarda pas à reconnaître qu'en traitant avec des parjures on doit s'attendre à la trahison. Dès qu'il fut arrivé au Pont-Saint-Esprit, le général Grouchy notifia au baron de Damas qu'il retiendrait le Prince prisonnier jusqu'à ce que l'empereur eût prononcé sur son sort. Loin d'être attérée par une si noire perfidie , son ame généreuse n'en fut que plus grande, et ce digne héritier de la loyauté de Saint Louis écrivait à son auguste Père , qu'il était résigné à tout , qu'il ne craignait la prison ni la mort et que dans l'intention de le délivrer, le Roi ne fit rien de préjudiciable aux intérêts de la couronne. A tant de magnanimité se joignit cette fidélité à sa parole , exemple rare chez les grands. Le colonel Magné indigné de ce que la convention était violée à l'égard du Duc , déclara qu'il périrait les armes à la main et refusa de les poser. Le Prince instruit de cette noble et courageuse conduite lui fit ordonner de licencier ses troupes.

La lâcheté avec laquelle les généraux de l'usurpateur se conduisirent à l'égard de S. A .R. est digne des ministres d'un despote. Des scélérats de la lie

lu peuple , reste odieux de cette queue de Robes-
pierre qui s'est si fortement entrelacée avec celle
de Buonaparte, l'abreuvèrent d'outrages. On pré-
tend qu'il fut dépouillé des objets les plus nécessaires , que le portrait de la fille de Louis XVI lui
fut enlevé , et que son épée , l'épée d'un petit-fils
d'Henri IV passa entre les mains d'un brigand de
Nîmes. Regardé comme un prisonnier d'état , il
fut privé de toute communication , une troupe
nombreuse le gardait , de fortes patrouilles circu-
laient à l'entour de la maison qui lui servait de
prison , et les voisins étaient forcés d'illuminer
pour le mieux surveiller.

A la triste nouvelle que le Prince était détenu
prisonnier, on ajouta celle plus triste encore qu'il
était dangereusement malade ; un crime de plus ,
coutait peu à ses ennemis , mais un agitation sour-
de , des murmures violens et une indignation
générale fit craindre aux partisans de Napoléon un
nouveau soulevement de la part des peuples du
midi. Aussi lorsque l'ordre du jour de Grouchy ,
annonça que S. A. R. était partie pour aller s'embarquer à Cette , ils furent aussi satisfait que les

royalistes , et cet ordre du jour fut annoncé par eux comme une nouvelle victoire.

Des grands dangers menaçaient encore cette tête chérie , le lendemain de la convention , on s'attendait à Nîmes au passage du Prince , des relais étaient commandés , la ville renfermait des hommes armés de la Gardonnenque. Une voiture arrive, on court sur elle avec des démonstrations menaçantes, celui qui y était renfermé, le sieur Lazare, maire d'Uchaud , s'écrie : Vous vous trompez , je ne suis pas le Prince.

Buonaparte annonçant avec emphase , qu'une constitution libérale allait être accordée aux vœux des citoyens ; qu'un nouveau champ de mai retracerait ces antiques assemblées où les français se gouvernaient eux-mêmes ; qu'un règne doux et paisible effacerait les souvenirs des campagnes d'Espagne et de Moscou ; que la paix générale était signée avec toute l'Europe , n'osât pas retenir dans les fers ou donner la mort au cousin et à l'ancien compagnon d'armes du Duc d'Enguien. Cette conduite infame aurait trop contrasté avec ses promesses fallacieuses , et puis , n'avait-il pas prévenu le peuple , que l'archiduchesse Marie-Louise et son fils devait revenir pour être une seconde fois le gage de son union avec l'Empereur d'Autriche . et comment le Français aurait-il pu croire au retour de cette Princesse si le Prince avait péri ! Napoléon donna donc l'ordre de s'en tenir à la convention.

Le 16 à 7 heures du soir le Prince arriva à Cette , il monte un vaisseau Suédois , et le navire quitte le port. L'ordre de le retenir prisonnier fut, dit-on, expédié, mais la providence veillait sur lui , et des vents favorables le conduisirent chez un peuple qui avait préféré la mort à un régime autre que celui des Bourbons.

Maintenant que le Duc est sauvé , que chez une nation alliée , il prépare les moyens de nous délivrer de l'oppression , jettons encore un regard sur notre malheureuse patrie dans ces temps désastreux où l'anarchie et le despotisme par une alliance monstrueuse ont conjuré la ruine de la France.

Le 8 avril au soir , la bannière du crime ne flottait pas encore sur les hautes tour du palais d'Avignon , l'énergie des citoyens effrayait les conjurés , mais à la nouvelle de l'évacuation du Pont-Saint-Esprit , ils se décident à faire un coup de main. Ils profitent de l'absence de la garde nationale , dont une partie était à l'armée et l'autre escortait les prisonniers fait à Livron , qu'on dirigeait sur Aix. Une compagnie de Marseillais qui allait joindre le Prince , reçoit l'ordre de retourner en Provence ; les hommes de 93 s'arment , les partisans du despotisme s'allient avec eux. Depuis huit jours , ils menacent d'arborer le drapeau sanglant , et depuis huit jours trois cents braves , veillent pour déjouer leurs perfides complôts ; mais l'heure fatale sonne , des officiers à demi-solde , portent dans les casernes l'étendard de la rebellion ; ils sortent environnés d'une foule de militaires , l'air , pour la première fois depuis un an , est frappé du cri infernal de vive l'empereur ; quelques soldats et le peuple étonné , répondent avec force *vive le Roi* ; mais les bayonnettes arrivent , et l'asservissement de cette ville est consommé.

Le règne du brigandage commença , des scélérats couverts de tous les crimes reparurent sur
l'horison politique , on les vit sur le rocher de
don , planter sur la croix sainte l'étendard de l'im-
piété , les hymnes de sang qu'ils avaient jadis
chantés autour des guillotines se firent encore entendre ; nos pères étaient glacés d'effroi , les jour-
nées les plus épouvantables de la révolution se
présentaient à leur mémoire , et le triomphe des
héros de ce temps leur inspirait une juste terreur.

Cependant les gardes nationaux, après avoir quittés
la Palud , sous la garantie sacrée d'une convention
revenaient la plupart sans armes , se reposer pai-
siblement d'une campagne malheureuse ; mais les
hommes du 10 août , du 21 janvier et du 20 mars
signent des conventions; mais ils n'en observent aucune , lorsqu'il s'agit d'égorger des royalistes.

Les gardes nationales du Languedoc étaient at-
tendus sur le Pont-Saint-Esprit. « Les premiers
qui paraissent sont dépouillés , meurtris , jetés
dans le rhône par des militaires. Les autres arrivent
dans le Gard par des routes détournées , et vont y

trouver le même péril. Ceux-ci sont égorgés à Ar-
pailhargnes , à Yeuset dans des maisons qui ont
offert une hospitalité trompeuse. Ceux-là sont as-
sassinés dans les champs. La population presque
entière de la Gardonnenque , de la Vaunage , de
Vauvert se lève contre des hommes isolés , sans
armes , retournant à Montpellier , à Béziers, à
Perpignan , à Toulouse dans le sein de leurs familles. Combien ont péri sur la terre inhospita-
lière qu'ils traversaient (1) ! On ne saurait citer
tous les traits de cruauté exercées sur eux. A Saint-
Ghaptes , une fille fanatisée renversa d'un coup de
faux un jeune homme qui s'échappait des mains
barhares du père.

» Les volontaires Nîmois, plus près de leur pays ,
et connaissant mieux les routes , se flattaient de
courir moins de danger ; mais la garde urbaine ,
renforcée de la lie de la population , et dont
une compagnie portait le nom de chasseurs de

____

(1) La police fait des recherches pour découvrir
le nombre des victimes que la voix publique porte
à environ 200.

l'île

l'île d'Elbe, gardait les avenues de la ville , avec
la troupe de ligne. Quelques-uns d'entre eux quit-
taient leurs postes et se répandaient dans la campagne ; les volontaires qui tombaient entre leurs
mains , étaient heureux quand on se contentait de
les dépouiller, de les accabler de coups. Plusieurs,
laissés sans vêtemens , erraient dans les plantations
d'oliviers jusqu'à ce que quelque passant couvrît
leur nudité d'une partie de ses habits ; d'autres
furent impitoyablement massacrés.

» Le plus grands nombre de ceux qui avaient
obtenu la vie, arrivaient à peine dans leurs familles en pleurs , qu'on les arrachait aux embrasse-
mens de leurs mères , de leurs épouses , sous prétexte qu'ils appartenaient à l'armée. On a vu de ces
infortunés , blessés, tombant de faiblesse dans la
cour de la citadelle et traînés inhumainement par
les cheveux au fond des cachots , y rester vingt-
quatre heures sans être pansés.

» Durant le cours de ces attrocités , le général
Gilly revient avec ses satellites de l'expédition du
Saint-Esprit ; la garde urbaine court au-devant

(5o)

d'eux portant d'indignes lauriers à ces violateurs
des traités , à ces assassins des gardes-royaux ; un
banquet civique leur est donné ; tout ce qu'il y a
de buonapartistes , simples citoyens et magistrats,
concourent aux frais de cette saturnale avec la
garde urbaine ; à l'issue de cette orgie , les soldats,
poussés par des gardes urbains , dévastent les maisons de deux royalistes ; la caserne devient le
théâtre de danses journalières qui se prolongent
jusque dans la nuit ; l'oubli de toute pudeur est
tel que des filles y vont avec l'agrément de leurs
mères. »

Après avoir déposé les armes , une partie des
bataillons de Vaucluse , au lieu d'être selon la convention , libre de rentrer dans leurs foyers , fut
obligée de passer sur le Pont-Saint-Esprit afin de
fournir à une soldatesque effrénée , un nouvel ali-
ment à leur rage impie et une nouvelle proie à
déchirer et à piller. Aussi , dès que ces gardes nationaux eurent mis le pied sur le pont ils furent
pillés avec une barbarie sans exemple , le cri as-
sasin *à l'eau , à l'eau ,* se fit entendre , leurs sacs
et leurs habits leur furent enlevés ; les épaulettes

et les épées des officiers violemment arrachées ;
ces outrages étaient suivis de coups de plat de
sabre et de crosse , et si un des leurs s'indignait
d'un traitement aussi contraire à la foi des traités ,
deux ou trois de ces forcénés les prenaient par
le corps et les auraient précipités dans le rhône, si
leurs chefs ne s'y étaient opposés.

Ce corps après avoir erré dans les montagnes
du Languedoc, fut assez heureux de trouver une
ville hospitalière , où les officiers secourant dans
leur détresse leur malheureux soldats , firent les
frais d'un repas qui apaisât leur faim dévorante ,
et louèrent des embarcations qui les conduisirent
à Avignon , où ils eurent le bonheur d'arriver de
nuit.

Des scènes plus affreuses en ce qu'elles étaient
répétées par des citoyens d'une ville , sur leurs
propres compatriotes ; par des bourreaux , sur les
fils de leurs victimes ; par des assassins amnistiés ,
sur des hommes qui leur avaient pardonné la mort
de leurs proches et dix ans d'exil, de prison et de
misère , se renouvellent au Ponté , à demi-lieue

d'Avignon. Les brigands après avoir passé une partie de la nuit dans l'orgie , se rassemblèrent sur la place des Carmes , d'où ils se dirigent vers le Ponté , où leurs dignes frères et amis de Saint-Saturnin , Vedènes , etc. vinrent les trouver , et là , toutes les horreurs et les atrocités du Pont-Saint-Esprit sont exercés sur les volontaires-royaux ; à mesure qu'un des leurs arrive accablé de lassitude, on se jette avec fureur sur lui, on l'abreuve d'outrages , on le dépouille et s'il oppose la moindre résistance, on lui tire dessus à bout portant.

Marseille eut l'honneur de succomber la dernière , mais elle le fit avec tant de dignité et de prudence , qu'elle conserva dans sa chûte , une attitude fière et noble qui en imposa à ses ennemis.

Le général Ernouf se trouvait à Sisteron , lorsqu'il appris que le Duc d'Angoulême avait été forcé de traiter avec les rebelles , craignant d'être séparé de Marseille par l'armée de Grouchy ; il laisse au général Loverdo , le dépôt du 9.me de ligne , les compagnies du 87.me et les gardes nationales du Var et des Basses Alpes , et prenant la

route d'Aix avec l'artillerie et les gardes nationales des Bouches-du-Rhône , il passe la Durance.
Il apprend que le maréchal Masséna , déclare par
sa proclamation du 12 mars , que le règne de
Napoléon est le seul légitime , ordonne que le
pavillon tricolore , soit arboré dans tout son gouvernement , et menace la ville de Marseille de
marcher sur elle , si elle refuse de fléchir ; le
général Ernouf voulant conserver à ses soldats
leurs armes , entra de nuit dans la ville y dispersa
son armée , et par ce moyen , ne perdit pas un
soldat, et laissa à une troupe d'hommes fidèles la
facilité de résister à l'oppression. Le comte Loverdo fut également forcé de licentier sa division.

Grouchy à la tête d'une armée dont les officiers
étaient plus indisciplinés que les soldats , entra
en Provence comme dans une province étrangère
et ennemie ; la ville d'Orgon eut à souffrir tout ce
qu'on doit attendre des soldats à qui les chefs
donnent l'exemple du brigandage ; la plupart des
maisons furent enfoncées et pillées. Arrivant à
Marseille , ils étaient comme autorisés à vexer les
habitans par les propos les plus insultans et des

chants de provocation ; mais la contenance calme
et ferme de la garde nationale leur en impose, et
ils repartirent sans avoir osé la désarmer.

Lorsque le maréchal Masséna eut fait arborer
le drapeau tricolore à Toulon, un café où se réu-
nissaient les amis de l'ordre, fut pillé et dévasté;
les honnêtes gens furent encore une fois obligés
d'abandonner leurs foyers et cette ville fut en
proie au désordre.

Gilly régnait dans Nîmes , soutenu par une
classe riche et nombreuse que l'erreur de l'opinion égarait, son règne fut celui d'un despote,
ou plutôt d'un de ces proconsuls de 93. Plusieurs
maisons , sont pillées et dévastées ; tout ce qui
avait servi à l'armée du Prince est contraint de
s'expatrier. La ville de Saint-Gilles , n'étant pas à
la hauteur des circonstances , la garde urbaine s'y
porte , elle y pille la maison de M. Baron , qui ,
conduit dans les prisons de Nîmes est l'objet de
la haine d'une vile populace qui l'accable d'im-
précation et crible de pierres sa voiture, où sa
respectable fille , M.me Trinquelague lui faisait

un rempart de son corps. Non contente de désarmer les habitans de Saint-Gilles , la garde urbaine
se met à discrétion chez eux et les ruine par ces
exactions. Un Nimois réfugié dans cette ville
y est rencontré par des gardes urbains , qui l'as-
sasinent. Tous les villages soupçonné d'avoir donné
asile aux volontaires-royaux sont en butte à leurs
visites qui sont toute marquée par le pillage , la
dévastation et l'effusion du sang.

La fédération faisait des progrès en France ,
elle était le ciment qui alliait les deux extrêmes ,
les partisans du despotisme militaire et ceux de
la licence populaire , et pour peu qu'il y de scélérats dans une ville , il fallait qu'il y eut une
fédération.

Avignon , Nîmes , Toulon eurent chacune leur
pacte fédératif ; A Nîmes , les hommes du 13 juin ;
à Avignon , les bourreaux de le glacière ; et à
Toulon , les fameux mitrailleurs du champ de
mars , en furent les membres les plus assidus et
les plus chauds ; ces nouveaux clubs furent comme
les anciens , les foyers du brigandage et de la per-

versité ; les provocations au meurtre , les promesses du pillage étaient dans la bouche des orateurs
le levier puissant avec lequel ils soulevaient une
multitude forcénée pour qui le règne de la terreur était l'âge d'or de la révolution.

Cette nouvelle ligue ne put s'organiser à Marseille , vainement le maréchal Brune et le commissaire Rederer , par des caresses et des menaces avaient essayé de séduire ou d'intimider ses
courageux habitans , ils furent sourds à la voix
de la perfidie. Le peuple ne pouvait contenir son
indignation ; les aigles des affiches étaient arrachées ou couvertes d'ordures , et il témoignait
hautement sa haine contre le désolateur du monde.

Le maréchal Brune ne pouvant parvenir à faire
respecter l'autorité du gouvernement , et recevant
des ordres précis pour soumettre entiérement
cette ville , eut recours à la force et à la ruse ;
depuis long-temps les partis étaient en présence ,
trois cents hommes de ligne bivouaquaient dans
la rue Cannebiere et trois cents gardes nationaux
les observaient sur le Cours. Cependant le maréchal

chal forcé d'aller couvrir les frontières ne pouvait laisser sur ces derrières et armée, une ville aussi populeuse que Marseille. La garnison fut portée à cinq mille hommes, dans la nuit, des pièces de canons furent placées sur les places publiques, les batteries des forts ménacèrent la ville, des patrouilles nombreuses d'infanterie et de cavalerie, circulant dans toutes les rues, dissipaient le moindre rassemblement. La garde nationale qui était de quatre mille hommes, fut réduite à douze cens, le reste fut désarmé. Ici l'on reconnut le service éminent que rendit le général Ernouf en licentiant son armée dans la ville, car malgré ce désarmement la plupart des habitans conservèreut les armes. Brune par cette mesure satisfit aux désirs de Buonaparte qui voulait à quel prix que ce fut la soumission de Marseille ; il ne laissa qu'une faible garnison dans la ville et porta son quartier-général à Grasse.

Après les scènes scandaleuses et sanglantes qui avaient eu lieu au Ponté, Avignon devait s'attendre au même régime que celui de la révolution. Aussi les anarchistes commencèrent-ils leur règne

H

par les menaces et les insultes ; toutes les nuits des hordes de brigands et de furies parcouraient les rues , brisaient les vitres , enfonçaient les portes et dans des chants de carnage exhalaient leur rage furibonde ; dans le jour , des troupes de forcenés réunis à quelques militaires , à des invalides ivres et à des femmes prostituées promenaient en triomphe le buste de leur Divinité , le moderne Moloch ; tous les magasins se fermaient à l'approche du cortège infernal , et les officiers même , rougissant de s'y joindre , ne pouvaient s'empêcher de dire : *Napoléon est l'Empereur de la canaille.*

Un café fut dévasté , on fit des arrestations arbitraires , tous les jours des habitans , l'objet de la haine de la fédération étaient outragés , frappés ou traînés en prison ; les autorités tremblaient devant ce nouvel hydre ; les tribunaux étaient souillés par les accusations les plus calomnieuses , et les juges pour sauver les accusés étaient obligés de les condamner à la détention.

L'attitude calme des royalites , qui malgré les

outrages et les insultes s'obstinaient à ne pas abandonner le sol qui les avait vu naître , irritait les
fédérés ; la certitude des hostilités les exaspéraient
davantage , ils menaçaient ouvertement de se
porter aux plus grands crimes ; ils étaient armés ,
soutenus par la force publique , et nous , désarmés , surveillés et isolés , ne pouvions que leur
céder une victoire facile.   Un volontaire-royal
dans ces cruelles entrefaites crut devoir indiquer
aux chefs présumés des royalistes , le moyen de
prévenir d'aussi affreux projets. « Des grands dan-
» gers , leur disait-il , menacent les personnes qui
» ont marqués par leur attachement à la cause de
» Bourbons ; des hommes qui ont une longue ha-
» bitude du crime ne cachent nullement leurs
» sinistres desseins , ils ne semblaient embarrassés
» que des moyens à prendre , pour en assurer la
» réussite. Le gouvernement même , par le rap-
» port du ministre de la police, nous fait présager
» le sort qui nous attend. Si nous habitions une
» ville , où le parti qui nous est opposé n'eut que
» l'erreur de l'opinion , nous endormir serait en-
» core une faiblesse ; mais ayant à lutter avec
» des individus qui ont tous à se reprocher la

H 2

» mort d'un des nôtres ? qu'avons-nous à espérer
» de notre état de langueur ? la fin déplorable des
» victimes d'Orange ou de la glacière. Si ces hom-
» mes étaient encore à l'apprentissage du crime,
» peut-être, dirions-nous, ils n'hésitent à frapper
» que parce qu'ils en ont horreur ; mais, nous les
» connaissons tous ; ils élèvent leurs enfans dans
» leurs principes affreux ; ils leurs racontent leurs
» forfaits comme des exploits, et ces jeunes tigres
» rivalisent déjà de férocité avec leurs pères. Je
» ne crains pas de le dire, le sommeil des honnêtes
» gens, ressemble à cette léthargie qui précède la
» mort. Si je ne parlais pas à des personnes dont
» le courage est éprouvé, je ne m'exprimerais pas
» avec cette franchise ; c'est aux hommes qui ne
» redoutent pas le péril qu'il faut le leur montrer
» dans toute son évidence , dans toute sa gran-
» deur , et ne point leur cacher la profondeur de
» l'abîme. Ce ne sont point ici de vains fantômes,
» de terreurs imaginaires , c'est une bande de
» scélérats qui ne pouvant éviter un juste châti-
» ment veulent se venger avant d'être puni , qui
» se voyant obligés d'abandonner leurs foyers , et
» se trouvant sans ressource pour vivre dans

» leur émigration veulent forcer par le pillage la
» fortune à leur sourire. Jusqu'ici, des magistrats
» respectables ont su , par l'ascendant de leur
» fermeté mettre un frein à ce brigandage ; mais
» que leur opposeront-ils lorsque les fédérés ar-
» més sous le prétexte d'aller combattre les alliés ,
» feront main basse sur nous , qui sommes com-
» me désarmés et sans point de réunion. La force
» morale de l'autorité aura-t-elle assez de puis-
» sance pour arrêter dans leur frénésie des hom-
» mes désespérés d'abandonner sans aucun moyen
» d'existence et pour un indéfini , leur patrie ,
» leurs femmes et leurs enfans ? Si ces hommes
» étaient vertueux, dans une si fâcheuse occurence,
» je ne répondrai pas de leurs vertus , et ce sont
» des forcénés scélérats , que pouvez-vous en at-
» tendre ? Il est donc d'une urgente nécessité ,
» de se prémunir contre le danger , d'en régula-
» riser les moyens et d'organiser sans délai une
» force secrète , mais active qui nous assure le
» triomphe dans un moment de trouble. etc. etc. »

Ces projets salutaires ne purent se réaliser , la
bataille de Waterloo , en augmentant l'espérance

des royalistes , inspira une inquiète défiance à leurs adversaires. Marseille avait chassé sa garnison , elle évacua la ville dans la nuit du 25 juin ; la veille elle avait été forcée de se retirer dans les forts ; des combats avaient eu lieu dans les rues , et le peuple avait partout triomphé ; le lendemain , il y eut des victimes ; mais la garde nationale était là, et le désordre ne dura qu'un jour. Le marquis d'Albertas pris les rênes du gouvernement.Le comte Loverdo , organisa une armée royale et le département des Bouches-du-Rhône proclama Louis XVIII. Les révolutionnaires en furent chassés , ils réfluèrent sur Avignon au moment où cette ville allait imiter Marseille. Des officiers , des dépôts des régimens , des corps de retraités vinrent s'y renfermer ; un bataillon de gardes nationales des hautes Alpes y descendit de Valence ; tous ces corps réunis aux fugitifs de la Provence pouvaient aller à 3000 hommes bien armés , que pouvaient contre ces forces , les Avignonais désarmés , n'ayant pas 150 fusils à leurs dispositions ?

C'est alors que la fédération prit un empire

effrayant , que fut résolue la mort de tous les amis
des Bourbons , que le pillage de la ville fut regardé par tous les habitans comme un malheur
dont on ne pouvait échaper. L'ancien commandant de la garde nationale allait être égorgé ,
lorsque arraché des mains des fédérés , on l'en-
traîne dans l'Hôtel-de-Ville, où il trouve un refuge ;
des coups de feu sont tirés en plein jour sur des
citoyens sans armes ; on commence le siége des
maisons où il y a à piller et des vengeances à exer-
cer; dans la nuit, des assassins appostés au coin
des rues égorgent ceux qui ont l'imprudence de
sortir. L'infortuné , M. Fériaud , inquiet sur le
sort d'un ami, et n'ayant que quelques pas à faire
pour s'en instruire , tombe et expire sous leurs
coups. Les royalistes perdirent en lui un homme
actif, dévoué et courageux ; c'est à ce brave et
respectable Avignonais qu'avait été confié ce projet
dont nous venons de lire les considérants et dont
la réussite l'eut sauvé. L'autorité impuissante pour
des pareils forfaits montrait la plus grande fermeté
pour empêcher un massacre et un pillage général;
le maire , le préfet et le général couchèrent pendant vingt jours à l'Hôtel-de-Ville et les troupes

de ligne bivouaquèrent sur la place ; il faut le dire, à leur louange, les premières autorités , quoique placées par l'usurpateur auraient arboré le drapeau blanc, tant ils avaient horreur de lá fédération , si des officiers fanatisés par une haine aveugle contre la famille royale , ne s'y fussent opposés.

Pendant que la ville d'Avignon était courbée sous le joug , le départemant dont elle est le chef-lieu le sécouait ; M. le major Lambot , nommé Commandant-Supérieur, vint établir son quartier-général à Carpentras ; il parcourut les principales villes de Vaucluse et organisa une petite armée pour délivrer Avignon.

La ville de Beaucaire imitant d'aussi beaux exemple était devenue le refuge de tous les fugitifs du Gard ; les fédérés de Nîmes et de la Vaunage marchent contre elle ; un combat s'engage, ils sont dispersés. Cette victoire fut le signal d'un affranchissement général ; Usez , Aigues-Mortes, Alais, Saint-Gilles , arborent l'étendart sacré des Lys ; Villeneuve-les-Avignon même , refuse le passage à une colonne de la garnison d'Avignon,

les

les habitans coupent la traille , une fusillade s'engage sur les deux rives et continue journellement jusqu'à la délivrance de cette Ville.

Dans le département de l'Hérault , Béziers ; Agde , Cette , Lunel brisent leurs chaînes ; Montpellier les secoue fortement ; la Ville arbore le drapeau sans tâche , repousse la garnison dans la citadelle , mais Gilly est là , ce digne émule de l'homme du 13 Vendémiaire dirige son artillerie sur les citoyens , et la mitraille lui assure un triomphe éphémère.

Le maréchal Brune , irrité de ce soulevement général menace de marcher sur Marseille et ramene son armée sous les murs de Toulon ; plusieurs régimens arborent le drapeau noir ; Grasse , Draguignan et d'autres Villes et Villages , sont taxés arbitrairement et imposés comme des villes ennemies. Une armée sort de Marseille ; le général Loverdo la commande ; un secours de 4000 hommes anglais et italiens , envoyé par M. de Rivière , et accueilli par les Marseillais avec tous les transports de l'ivresse et de la reconnaissance,

I

se joint aux gardes nationales des Bouches-du-Rhône , et l'armée de Brune est tenue en échec.

L'Hérault était délivré , Saint-Afrique et Ville-Franche dans l'Aveyron avait donné l'exemple de fidélité ; la Lozère s'était depuis le 26 juin affranchi , il ne restait plus que Nîmes et Avignon.

Gilly armait dans Nîmes les fédérés des Cévennes et un ramassis de brigands de Provence qui s'y étaient réfugiés ; Napoléon II y avait été proclamé avec des cris de rage et de furie ; le portrait de Louis XVIII avait été demandé pour en faire un *auto dafé* , le maire refusa de le remettre. Des maisons sont dévastées et les propriétaires poursuivis et blessés à coup de sabre.

Une armée royale s'organisait à Beaucaire par les soins des commissaires du Roi et du colonel Magné. Nîmes est sommée de reconnaître les lois de S. M. ; Gilly demande un délai jusqu'à la connaissance des dispositions des alliés , relativement au souverain que la France doit avoir. Les commissaires y consentent ; ils attendaient des armes pour les volontaires-royaux qui en manquaient. L'entrée du Roi est connue à Nîmes. Gilly s'enfuit après avoir ménacé la ville d'une scène de carnage pareille à celle de Montpellier. L'élan du peuple est contenu par la garde urbaine. Des patrouilles tirent sur le drapeau blanc ; des royalistes sont tués ou blessés sans aucune provocation de leur part que la joie qui brillaient sur leur front , cependant il fallut céder un empire fondé sur la violence et la trahison ; l'éteudart royal est arboré et l'armée de Beaucaire entre à Nîmes.

Avignon était toujours courbé sous le joug de plomb de la fédération ; pendant vingt jours les portes des boutiques et des magasins restèrent fermées ; non contents d'imprimer la terreur à la ville , les fédérés se répandent par troupes dans les campagnes , et sous prétexte de les désarmer les rançonnent ; réunis à une partie de la garnison, ils se portent dans les villages de Sorgues et d'Entraigues , où ils volent et assassinent.

Les séances de la fédération devenaient tous les jours plus orageuses , le pillage y était demandé à grands cris ; les forcénés, ils s'indignaient de ce qu'on les renvoyait d'un jour à l'autre et menaçaient de se porter aux plus violentes extrémités.

Le major Lambot rassemblait à l'Isle et à Carpentras, les volontaires-royaux ; il fit un appel aux braves qui avaient servis sous les drapeaux du Prince, ils y répondirent. Des armes et des munitions lui furent envoyées de Marseille. L'attaque d'Avignon est résolue et un rendez-vous, général de toutes les gardes nationales du département est fixé à Entraigues pour le 15 juillet.

La veille de ce jour le courrier annonçant l'entrée de S. M. à Paris, arriva à Avignon ; il entra le chapeau à la main en criant *vive le Roi*, le peuple ne peut se contenir, hommes, femmes, enfans repètent ce cri d'amour ; cocardes et drapeaux blancs sont arborés ; les brigands sont stupéfaits, la garnison est étonnée, de tous côtés l'on court aux armes ; les royalistes se rendent au cercle et s'y barricadent au nombre de 3 à 400 ayant à peine 50 fusils, deux mille hommes les entourent ; un officier de la garde nationale, quoiqu'en butte aux fureurs des démagogues parvient à assurer leur retraite ; des patrouilles nombreuses parcourent les rues , tirent sur les drapeaux blancs qui était à toutes les croisées et la ville retombe dans l'esclavage.

Le général effrayé de ce mouvement populaire , voyant qu'il n'a été reprimé que parce que le peuple était désarmé et qu'un grand nombre d'Avignonais s'étaient réunis à l'armée qui devait l'attaquer le lendemain , ne voulut pas courir les chances d'un siége où il aurait à combattre les assiégeants et les habitants de la ville assiégée ; il assemble un conseil de guerre , il propose de se soumettre à Louis XVIII , des officiers égarés s'y opposent ; indigné , il donne l'ordre de départ pour deux heures après minuit.

Cette nuit fut pour les fédérés une nuit de désolation et de désespoir ; forcés d'abandonner leurs foyers et de cacher leur fuite , on les entendit dans le silence des ténèbres , ne s'appeler que par des siflemens aigus , proférer des imprécations horribles contre le tyran et étouffer des mugissemens de rage. Ils partirent , et une heure après , le maire et la gendarmerie arborèrent l'étendart des fils de Saint Louis.

La garnison et les fédérés se rencontrèrent au Ponté avec l'avant-garde de l'armée royale ; quelques coups de fusil furent échangés ; le général et le major parlementèrent ; les volontaires-royaux se rangèrent en bataille , et leurs ennemis défilant devant eux poursuivirent leur route sur Orange ; arrivés au Pont-Saint-Esprit, la garnison se sépara des fédérés , leur refusa l'entrée de la ville et se soumit à S. M. et ses derniers furent chercher un refuge dans les départemens de la Drôme et de l'Isère. Le major Lambot à tête de sa colonne entra dans Avignon aux cris mille fois repétés *vive le Roi*. Antibes , Toulon et l'armée reconnurent l'autorité légitime et le midi recouvra pleinement sa liberté.

FIN.

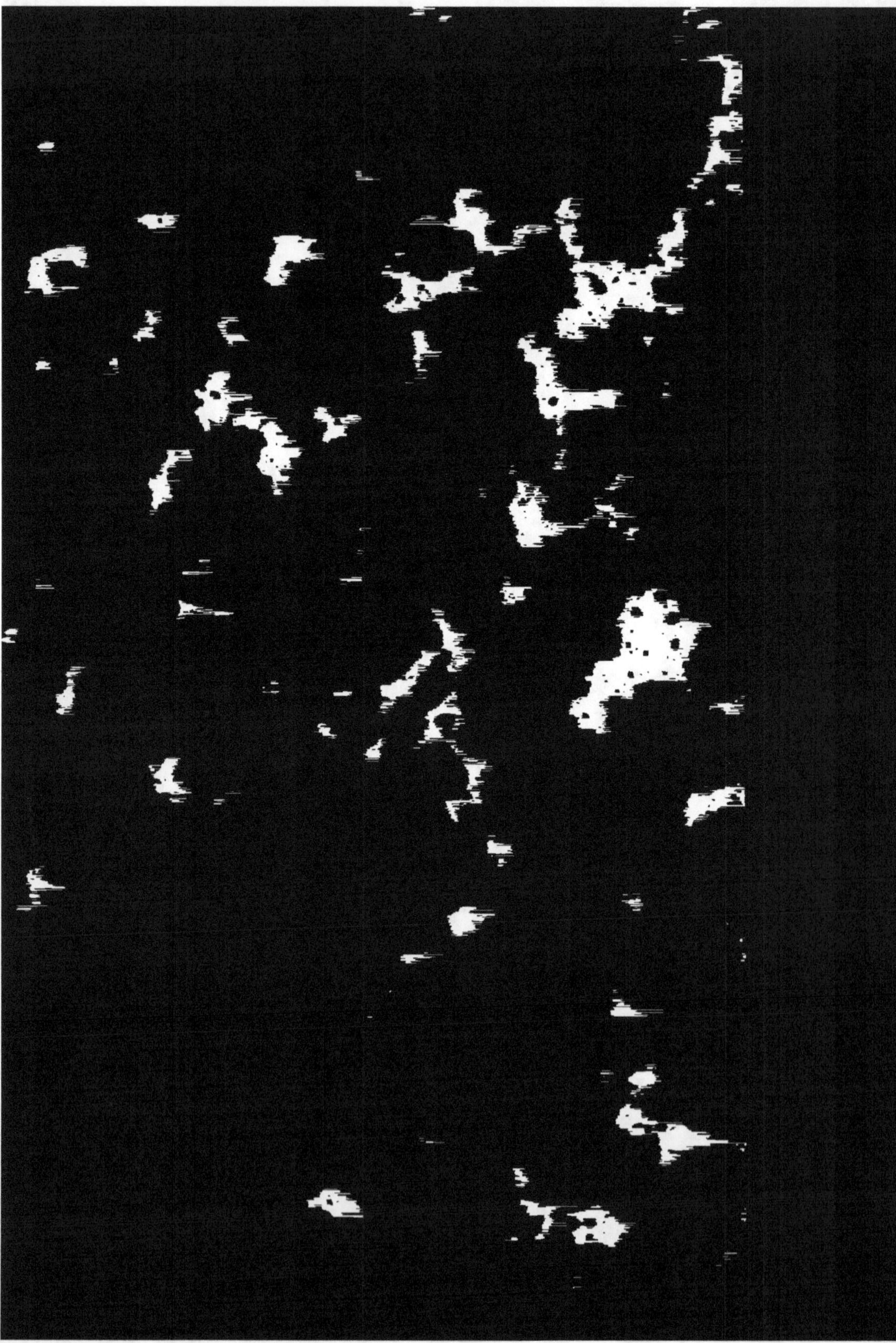